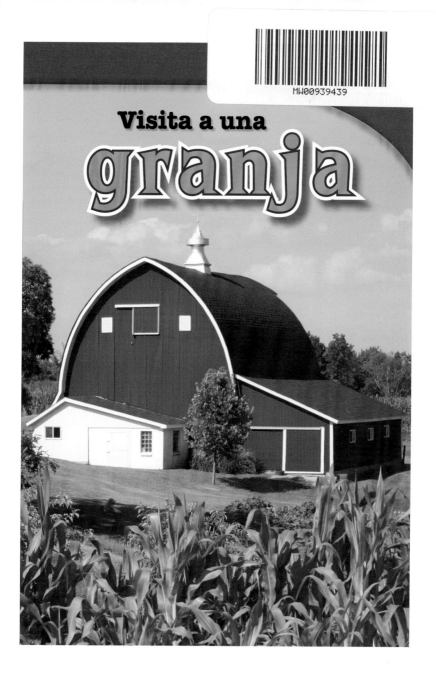

Visita a una
granja

D. M. Rice

Asesor

Timothy Rasinski, Ph.D.
Kent State University

Créditos

Dona Herweck Rice, *Gerente de redacción*

Robin Erickson, *Directora de diseño y producción*

Lee Aucoin, *Directora creativa*

Conni Medina, M.A.Ed., *Directora editorial*

Ericka Paz, *Editora asistente*

Stephanie Reid, *Editora de fotos*

Rachelle Cracchiolo, M.S.Ed., *Editora comercial*

Créditos de las imágenes

Cover & p.1 Akaplummer/iStockphoto; p.4 Olly/Shutterstock; p.5 Photosindiacom; LLC/Shutterstock; p.6 top: Lisa F. Young/Shutterstock; p.6 bottom: Scott Hussey/IStockphoto; p.7 Tramper/Shutterstock; p.8 Maria Dryfhout/Shutterstock; pp.8-9 Krivosheev Vitaly/Shutterstock; p.9 MIXA Co. Ltd./Photolibrary; p.10 Gene Krebs/iStockphoto; p.10-11 Lilya/Shutterstock; p.11 Vasilevich Aliaksandr/Shutterstock; pp.12-13 Roxanne McMillen/Shutterstock; p.14 Madlen/Shutterstock; p.15 Sharon Morris/Shutterstock; p.16 Henk Bentlage/Shutterstock; p.17 Nulinukas/Shutterstock; p.17 Eric Isselée/Shutterstock; p.18 Alistair Scott/Shutterstock; p.19 Zeljko Radojko/Shutterstock; p.19 Denis Vrublevski/Shutterstock; p.20 Orientaly/Shutterstock; p.21 Frog-traveller/Shutterstock; p.22 Scott Hussey/iStockphoto; p.23 Shutterstock; p.24 top to bottom, left to right: Maria Dryfhout/Shutterstock, Orientaly/Shutterstock, Roxanne McMillen/Shutterstock, Henk Bentlage/Shutterstock, Gene Krebs/iStockphoto, Krivosheev Vitaly/Shutterstock; back cover Eric Isselée/Shutterstock

Basado en los escritos de *TIME For Kids*.

TIME For Kids y el logotipo de *TIME For Kids* son marcas registradas de TIME Inc. Usado bajo licencia.

Teacher Created Materials

5301 Oceanus Drive
Huntington Beach, CA 92649-1030
http://www.tcmpub.com

ISBN 978-1-4333-4435-0

Tabla de contenido

Vamos a la granja

El verano pasado, mi hermano y yo visitamos la granja de mis abuelos. Papá nos llevó en el automóvil.

Me dio una cámara para hacer un libro sobre nuestra visita.

La abuela y el abuelo nos recibieron, acompañados por su perro, Compa.

Estaban contentos de vernos.

Cuando papá se fue,
la abuela nos preguntó
—¿Qué quieren ver?— Le
respondimos —¡Todo!—

Entonces, la abuela, el
abuelo y Compa nos enseñaron
la granja.

El establo y los silos

Lo primero que vimos fue el **establo** grande de color rojo. Es muy grande, para que quepan los animales y las máquinas que se usan en la granja.

El abuelo nos dijo que en
el establo ordeña las vacas y
también guarda el **tractor**.

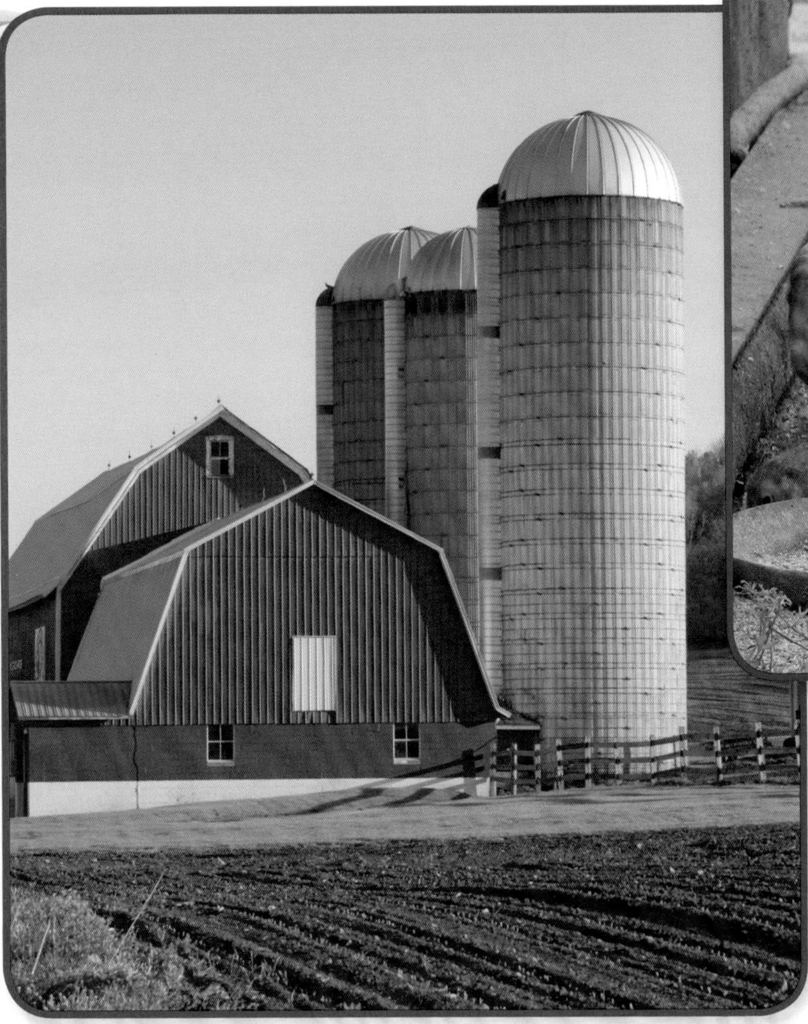

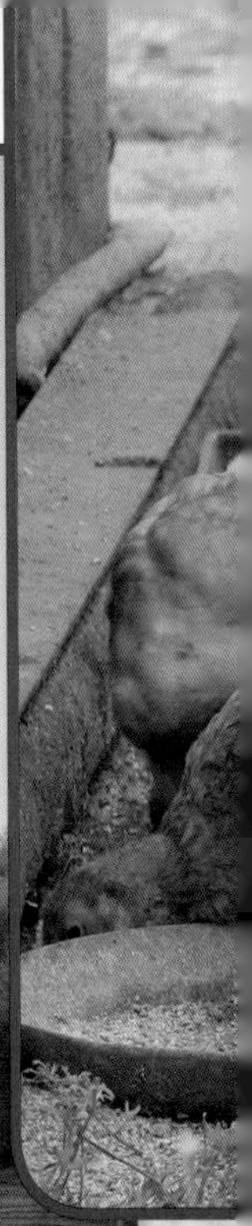

Junto al establo están los altos **silos**, o graneros.

En los silos se almacenan
los granos de la granja. Los
granos se usan para alimentar
a los animales
en invierno.

Después vimos el **corral** de los caballos. Allí estaban los caballos y los ponis, parados nariz con nariz. Parecía que estaban hablando.

Un caballo estaba junto a la cerca.

El abuelo le dio una zanahoria a mi hermano para darle de comer al caballo. ¡El caballo se comió la zanahoria de la mano de mi hermano!

Detrás del corral vimos
a las vacas pastando en la
pastura. Unas comían y
otras se sentaban o se
quedaban paradas.

Un ternerito estaba
tomando leche de su madre.

Los campos

Cuando nos alejamos de la pastura, oí un fuerte rugido. —¿Qué es ese ruido?— le pregunté al abuelo. Contestó —Es una de las máquinas de la granja. Ven a ver—.

El abuelo y la abuela nos llevaron a ver los trigales.

Un hombre conducía una
máquina muy grande.

El abuelo nos dijo que era una **cosechadora** de granos.

El abuelo saludó al conductor. Él nos devolvió el saludo. Compa ladró y comenzó a mover la cola. ¡También estaba saludando!

Clave

	establo
	casa
	silo
	trigo
	pastura
	árboles
	corral

Mapa de la granja

La granja de los abuelos es grande. Éste es un mapa de la granja. Tal vez tú también puedas visitarla algún día.

Glosario

corral

cosechadora

establo

pastura

silos

tractor